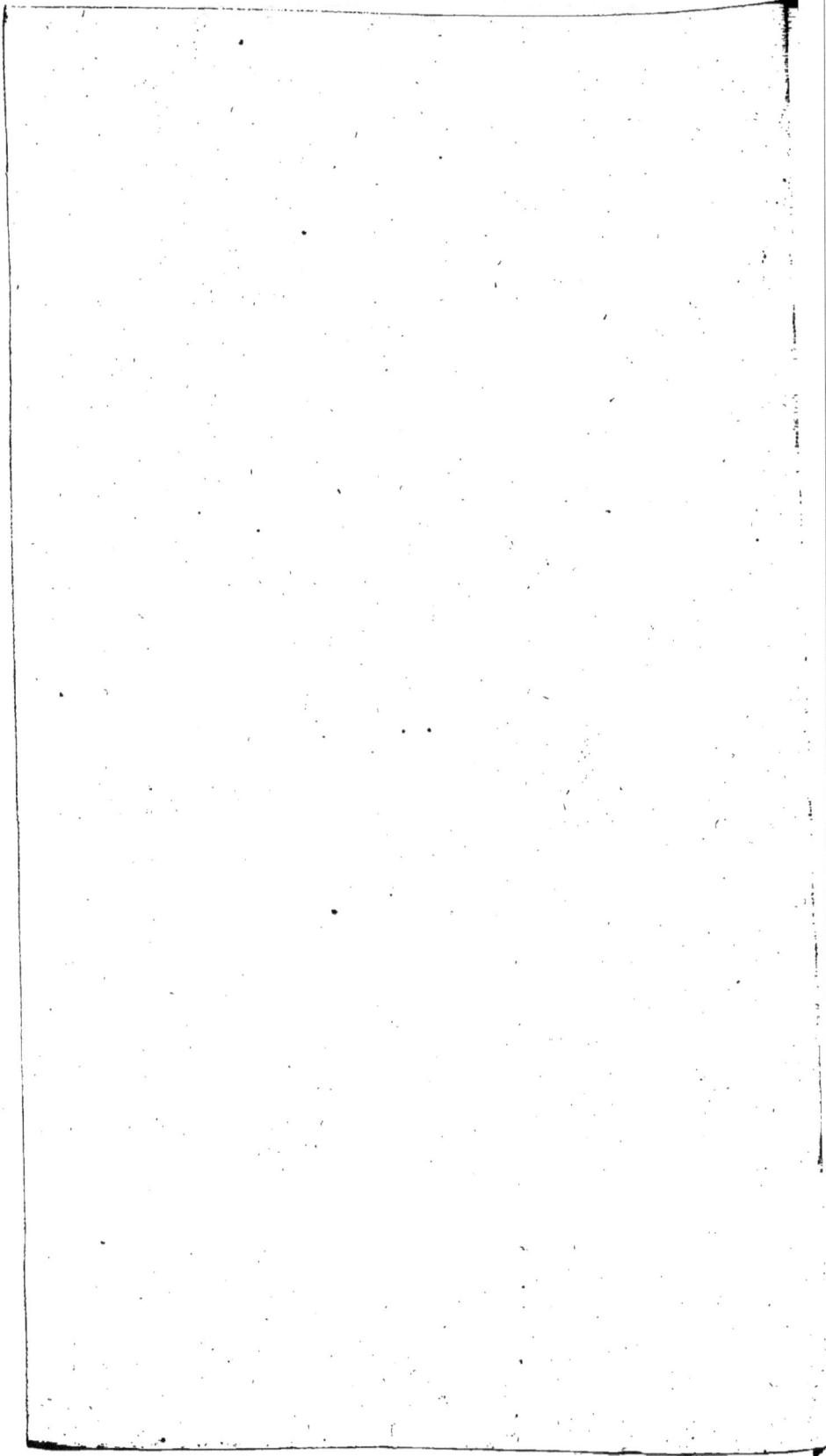

RAPPORT

DU

CONSEIL D'ENQUÊTE

SUR LA CAPITULATION DE SEDAN

I.R. 710

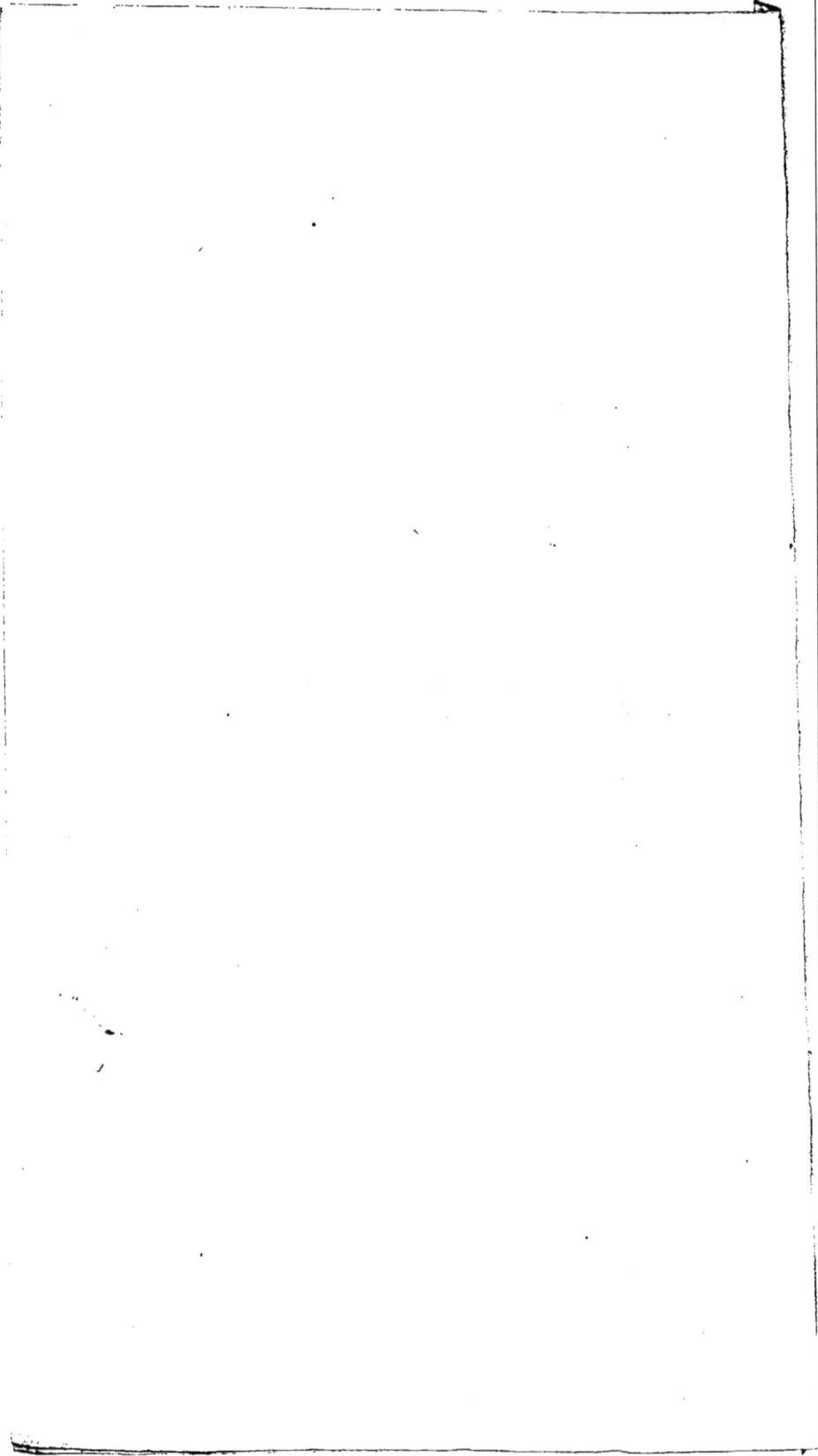

RAPPORT

DU

CONSEIL D'ENQUÊTE

SUR LA CAPITULATION DE SEDAN

SUIVI DU

PROTOCOLE DE LA CAPITULATION

et du Procès-verbal de la séance du Conseil de guerre tenu à Sedan le 2 septembre

AVEC UNE CARTE COLORIÉE

INDIQUANT

LES POSITIONS DES ARMÉES AU COMMENCEMENT ET A LA FIN
DE LA JOURNÉE DU 1ᵉʳ SEPTEMBRE

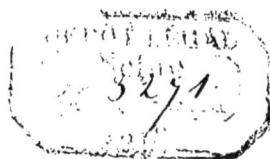

PARIS

A. GHIO, ÉDITEUR

44, QUAI DES GRANDS-AUGUSTINS, 44

—

1872

RAPPORT

DU

CONSEIL D'ENQUÊTE

SUR LA CAPITULATION DE SEDAN

Le Conseil d'enquête,

Vu le dossier relatif à la capitulation de la place de Sedan ;

Vu le texte de la capitulation ;

Sur le rapport qui lui en a été fait ;

Ouï MM. les généraux de division :

De Wimpffen, ex-commandant en chef de l'armée de Châlons ;

Lebrun, commandant du 12ᵉ corps de ladite armée ;

Ducrot, commandant du 1ᵉʳ corps ;

Douay, commandant du 7ᵉ corps ;

Après en avoir délibéré, exprime, comme suit, son avis motivé sur la capitulation de la place de Sedan :

Sans se préoccuper des causes plus politiques que militaires qui, après la réorganisation encore fort incomplète de l'armée de Châlons, ont déterminé le gouvernement de la régence à prescrire l'expédition très-dangereuse tentée par cette armée pour secourir le maréchal Bazaine, le conseil n'a pas non plus à apprécier la manière dont cette expédition a été conduite jusqu'au moment où, par suite de sa blessure, le maréchal de Mac-Mahon, qui en avait le commandement, le remit au général Ducrot, l'un de ses lieutenants.

Les troupes de l'armée de Châlons, déjà peu sûres d'elles-mêmes à leur départ du camp, avaient éprouvé des retards dans leur marche, par suite de l'incertitude dans le plan de campagne et de l'irrégularité dans les distributions. Les mauvais temps qui les assaillirent, les surprises de l'ennemi, la défaite du 5e corps leur portèrent une atteinte morale qui les avait singulièrement affaiblies et ébranlées; aussi, faut-il bien le constater, elles arrivèrent assez en désordre à Sedan.

Le général Ducrot, auquel le maréchal remit le commandement après sa blessure, se rendait compte de la situation, et voyant le danger que courait l'armée française, en se laissant enserrer autour de Sedan, prescrivit aussitôt des dis-

positions de retraite sur Mézières, seule direc-
tion dont la route lui paraissait libre en cet
instant. Mais à peine une heure s'était-elle
passée et ses ordres recevaient-ils un commencement d'exécution, que le général de Wimpffen, se prévalant d'une lettre qui lui avait été
remise par le ministre de la guerre, réclama le
commandement en chef, et, désapprouvant les
mesures prises par le général Ducrot, sans avoir
encore un plan bien arrêté, ainsi qu'il le dit
lui-même, mais comptant sur les péripéties de
la bataille pour tenter une combinaison moins
désastreuse, prescrivit de reprendre les positions abandonnées par suite des premiers ordres.

Dès lors, le général de Wimpffen assuma
toute la responsabilité du commandement.

Ce changement d'impulsion ébranla encore
davantage la confiance de l'armée et y mit le
désordre. Le nouveau général en chef ne put
ou ne sut se faire complétement obéir. Le
1er corps ne conserva pas toutes ses positions,
aussitôt occupées par l'ennemi, et le 7e fut ainsi
que lui, refoulé sur Sedan, où ils apportèrent
l'un et l'autre une telle confusion qu'on dut
fermer les barrières de la place.

Pendant que ces événements se passaient,
le général de Wimpffen, voyant la vigoureuse
résistance du 12e corps, et que l'attaque sur

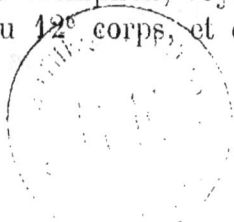

Bazeilles se ralentissait, faiblissait même, avait conçu le projet de concentrer toutes ses forces sur sa droite et de percer les lignes en se portant sur Carignan et Montmédy.

Dans ce but, il avait prescrit au 1er corps de venir le rejoindre et au 7e de soutenir la retraite. Ces corps, nous l'avons vu, par suite de leur retraite précipitée sur Sedan, étaient loin de pouvoir répondre à son attente ; toutefois, le général de Wimpffen, à la tête d'une partie des troupes de la marine, de deux bataillons de zouaves et du 45e de ligne, s'était jeté sur l'ennemi et se portait sur Balan pour les y faire coopérer au mouvement des troupes placées de ce côté, quand, arrivé sur l'emplacement où il les supposait, il ne trouva plus personne. Le 12e corps était également rentré à Sedan. Le général de Wimpffen, en allant à la porte de Balan, rencontra le général Lebrun qui, suivi d'un homme, portant un drapeau parlementaire, allait demander l'armistice. Le général en chef fit abaisser ce drapeau, et, à la tête de 2,000 hommes qu'il put réunir, se rua sur l'ennemi ; mais, reconnaissant bientôt son impuissance, rentra lui-même à Sedan.

Lors du refoulement des différents corps sur la place, l'empereur, dans la pensée d'arrêter une inutile et plus longue effusion de sang et sans consulter le général en chef ni les commandants de corps, ainsi qu'ils l'ont unanimement déclaré au conseil, avait fait arborer le drapeau blanc sur la citadelle.

Lorsqu'il se porta sur Balan, pour y faire un dernier effort, le général en chef avait été abordé par un officier d'ordonnance de l'empereur qui l'invitait à se rendre au quartier général ennemi pour y traiter de la capitulation ; il avait refusé de se charger de cette mission. Cependant, après sa dernière tentative, il céda aux instances de son souverain.

Le conseil peut facilement apprécier la funeste influence qu'exerça sur l'armée ce changement de trois généraux en chef différents, à quelques heures d'intervalle, et le défaut de suite dans les opérations militaires qui en furent la conséquence. Il peut juger les combinaisons qui se produisirent successivement, les chances de succès ou d'insuccès qu'elles présentaient. Il est de son devoir de dire : que le projet du général Ducrot était le plus rationnel, car en admettant que la concentration sur la gauche pût réussir, ce qui était difficile, il est vrai, et qu'après un vigoureux effort l'on pût s'ouvrir la route de Mézières, on pouvait, tout au moins, concevoir l'espoir de sauver une bonne partie de l'armée en se jetant sur le territoire belge.

Il doit constater également qu'en réclamant le commandement en chef de l'armée par suite de la lettre du ministre de la guerre, sans avoir un plan arrêté, ainsi qu'il le dit lui-même, et dans l'espoir, après avoir jeté les Bavarois dans la Meuse, de revenir battre l'aile droite des Allemands, ou enfin de s'ouvrir un passage sur Carignan et Montmédy, le général de Wimpffen a fait preuve de conceptions trop peu plausibles ou trop peu justifiées, pour ne pas avoir une grande partie de la responsabilité des funestes événements qui amenèrent la capitulation.

Mais il importe de bien définir la part de responsabilité qui incombe à ce général dans l'acte même de cette capitulation et les termes dans lesquels elle fut rédigée.

Or, il paraît bien prouvé au conseil, que le souverain en faisant hisser le drapeau blanc sur la citadelle, sans avoir pris l'avis du général en chef, le dégageait de toute responsabilité sous ce rapport et l'assumait tout entière.

Le conseil doit donc louer le général de Wimpffen de s'être constamment opposé à cette capitulation. Mais il doit dire aussi qu'ayant accepté de négocier, il a eu tort de ne pas faire maintenir le principe consenti par l'ennemi (lors de la première entrevue et dont il avait été donné connaissance au conseil tenu le matin), de laisser tous les officiers en possession de leurs armes et de leurs bagages, article malheureusement modifié en faveur des seuls officiers qui, en se retirant dans leurs foyers, donneraient leur parole d'honneur de ne pas servir contre l'ennemi pendant la guerre.

Le conseil blâme vivement le général de Wimpffen d'avoir admis cette exception contraire à l'article 256 du décret du 13 octobre 1863, lequel prescrit aux officiers de ne jamais séparer leur sort de celui de leurs soldats, exception qui tend à affaiblir, chez les officiers, le sentiment du devoir et de résistance à l'ennemi et n'est qu'une prime à la faiblesse.

PROTOCOLE DE CAPITULATION

Entre les soussignés,

Le chef d'état-major du roi Guillaume, commandant en chef des armées d'Allemagne, et le général commandant de l'armée française, tous deux munis de pleins pouvoirs de LL. MM. le roi Guillaume et l'empereur Napoléon, la convention suivante a été conclue :

Art. 1er. L'armée française placée sous les ordres du général Wimpffen, se trouvant actuellement cernée par des troupes supérieures autour de Sedan, est prisonnière de guerre.

Art. 2. Vu la défense valeureuse de cette armée française, exemption pour tous les généraux et officiers, ainsi que pour les employés supérieurs ayant rang d'officiers, qui engagent leur parole *par écrit*, de ne pas porter les armes contre l'Allemagne, et de n'agir d'aucune manière contre ses intérêts jusqu'à la fin de la guerre actuelle. Les officiers et les employés qui acceptent ces conditions conserveront leurs armes et les effets qui leur appartiennent personnellement.

Art. 3. Toutes les armes, ainsi que le maté-

riel de l'armée, consistant en drapeaux, aigles,
canons, munitions, etc., seront livrés, à Sedan,
à une commission militaire instituée par le général en chef, pour être remis immédiatement
aux commissaires allemands.

ART. 4. La place de Sedan sera livrée dans
son état actuel et, au plus tard, dans la soirée
du 2, à la disposition de Sa Majesté le roi Guillaume.

ART. 5. Les officiers qui n'auront pas pris
l'engagement mentionné à l'art. 2, ainsi que les
troupes désarmées, seront conduits, rangés
d'après leur régiment ou corps, en ordre militaire.

Cette mesure commencera le 2 septembre et
sera terminée le 3. Ces détachements seront
conduits sur le terrain bordé par la Meuse, près
Iges, pour être remis aux commissaires allemands par leurs officiers, qui céderont alors
leurs commandements à leurs sous-officiers.
Les médecins-majors sans exception resteront
en arrière pour soigner les blessés.

A Frénois, le 2 septembre 1870.

Signé : DE MOLTKE, WIMPFFEN.

PROCÈS-VERBAL

Aujourd'hui 2 septembre, à six heures du matin, sur la convocation du général en chef, un conseil de guerre, auquel ont été appelés les généraux commandant les corps d'armée, les généraux commandant les divisions et les généraux commandant en chef l'artillerie et le génie de l'armée, a été réuni.

Le général commandant en chef a exposé ce qui suit :

« D'après les ordres de l'empereur, et comme conséquence de l'armistice intervenu entre les deux armées, j'ai dû me rendre auprès de M. le comte de Moltke, chargé des pleins pouvoirs du roi de Prusse, dans le but d'obtenir les meilleures conditions possibles pour l'armée refoulée dans la place, après une bataille malheureuse.

« Dès les premiers mots de notre entretien, j'ai reconnu que le comte de Moltke avait malheureusement une connaissance parfaite de notre situation, et qu'il savait très-bien que l'armée manquait absolument de vivres et de

munitions. M. de Moltke m'a fait connaître
que, dans la journée d'hier, nous avions com-
battu une armée de deux cent vingt mille hommes qui nous entourait de toute part.

« — Général, m'a-t-il dit, nous sommes dis-
posés à faire à votre armée, qui s'est si vaillam-
ment battue aujourd'hui, les conditions les plus
honorables ; toutefois, il faut que ces conditions
soient compatibles avec les exigences de la po-
litique de notre gouvernement. Nous deman-
dons que l'armée française capitule : elle sera
prisonnière de guerre; les officiers conserveront
leur épée et leurs propriétés personnelles ; les
armes de la troupe seront déposées dans un
magasin de la ville pour nous être livrées. »

Le général a demandé aux officiers généraux
qui faisaient partie du conseil de guerre si, dans
leur pensée, la lutte était encore possible.

La grande majorité a répondu par la néga-
tive.

Deux généraux seuls ont exprimé l'opinion
que l'on devait se défendre dans la place ou
chercher à sortir de vive force.

On leur a fait observer que la défense de la
place était impossible, parce que vivres et munitions manquaient absolument ; que l'entasse-
ment des hommes et des voitures dans les rues

rendait toute circulation impossible ; que, dans ces conditions, le feu de l'artillerie ennemie, déjà en position sur toutes les hauteurs environnantes, produirait un affreux carnage, sans aucun résultat utile ; que le débouché était impossible, puisque l'ennemi occupait déjà les barrières de la place et que ses canons étaient braqués sur les avenues étroites qui y conduisent.

Ces deux officiers généraux se sont rendus à l'avis de la majorité.

En conséquence, le conseil a déclaré au général en chef qu'en présence de l'impuissance matérielle de prolonger la lutte, nous étions forcés d'accepter les conditions qui nous étaient imposées, tout sursis pouvant nous exposer à subir des conditions plus douloureuses encore.

Ont signé : DE WIMPFFEN, DUCROT,
FORGEOT, LEBRUN,
F. DOUAY, CH. DEJEAN.

Au quartier général, à Sedan, le 2 septembre 1870.

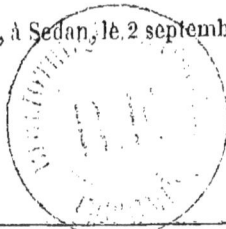

Paris. — Imprimerie Viéville et Capiomont, 6, rue des Poitevins.

PLANS DE LA BATAILLE DE SEDAN. 1ᵉʳ SEPTEMBRE 1870.

ARMÉE FRANÇAISE.
Infanterie
Cavalerie

ARMÉE ALLEMANDE.
3ème Armée . Prince Royal de Prusse.   4ème Armée . Prince Royal de Saxe.
Cavalerie

ARMÉE FRANÇAISE.
Infanterie

ARMÉE ALLEMANDE.
Infanterie
Cavalerie
Artillerie

POSITIONS AU COMMENCEMENT DE LA JOURNÉE.

POSITIONS À LA FIN DE LA JOURNÉE.

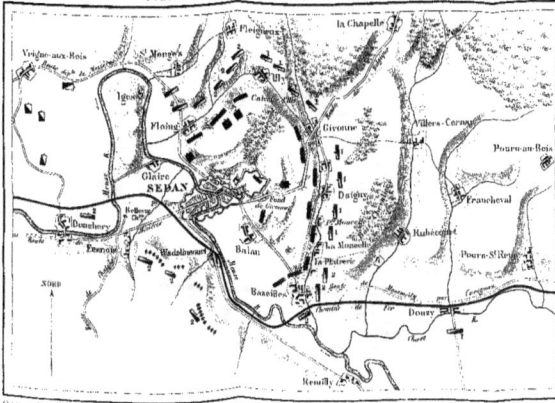

Échelle commune aux deux Plans de 50,000

À. Ghio, Éditeur à Paris.

www.ingramcontent.com/pod-product-compliance
Lightning Source LLC
Chambersburg PA
CBHW070749280326
41934CB00011B/2855